LA SEINÉ

AU ROI.

IMPRIMERIE DE FAIN, PLACE DE L'ODÉON.

LA SEINE
AU ROI.

RÉCLAMATION

CONTRE LE PROJET

EXTRAORDINAIRE

DE FAIRE SERVIR DE L'EAU DU JOURDAIN

AU BAPTÊME

DE

S. A. R. LE DUC DE BORDEAUX.

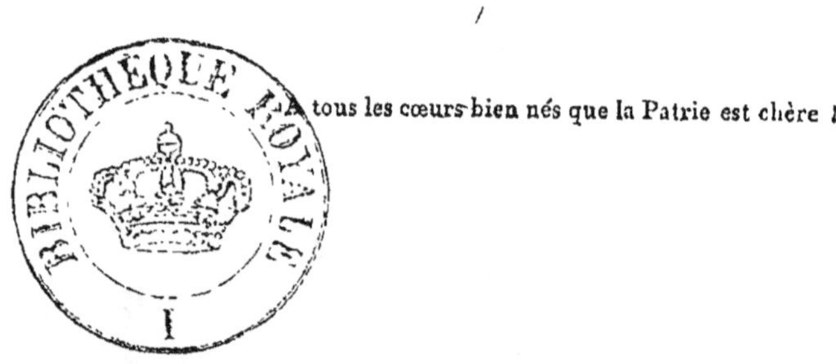

À tous les cœurs bien nés que la Patrie est chère !

PARIS,

CHEZ L'ADVOCAT, LIBRAIRE,

PALAIS-ROYAL, GALERIE DE BOIS.

1821.

LA SEINE
AU ROI.

RÉCLAMATION

Contre le projet extraordinaire de faire servir de l'eau du Jourdain au baptême de S. A. R. le DUC DE BORDEAUX.

A tous les cœurs bien nés que la Patrie est chère!

SIRE,

Daignez entendre la réclamation de la Seine.
Mon partage, je l'avoue, est digne d'envie.
Je coule au milieu de l'allégresse et de la splendeur de la capitale, après l'heureuse naissance de monseigneur le duc de Bordeaux; j'ai le bonheur de voir achever, au centre de mon cours, sur le terre-plain du Pont-Neuf, le rétablissement de la statue d'Henri IV; son modèle vivant, ô félicité suprême! environné des princes de son sang, respire dans l'enceinte du château des Tuileries, attenant le Pont-Royal. L'élite de la nation va se réunir sur mes bords for-

tunés ; ils vont devenir l'atelier des meilleures lois, le théâtre des plus belles fêtes. Au milieu de tant de faveurs, une injure cruelle m'est annoncée..... Votre bonté paternelle, Sire, vous fera apprécier, dans l'exposition de ma cause, la situation de mon cœur.

Depuis la fondation de la monarchie et de la religion en France, autant vaut dire depuis la fondation de la France même, je suis en possession de voir mon onde honorée du service à la fois noble et sacré de couler à la face des autels sur la tête des princes qui sont faits chrétiens sur mes rives. Les fils de France, en venant au monde, reçoivent leur qualification de comte de telle province ou de duc de telle ville, selon qu'il plaît au monarque de départir dans le royaume cet insigne honneur ; mais, à leur baptême, quand la cérémonie se fait au sein même de Paris, à la vue de mes flots, jamais on n'a imaginé de puiser ailleurs l'eau destinée à être répandue sur les fonts. Je puis ajouter qu'une occasion pour moi de si haut intérêt m'a trouvée aussi empressée qu'attentive. Cette possession naturelle et non interrompue n'offre aucune circonstance reprochable, ni dans son principe ni dans la succession des temps ; et il est difficile de justifier d'une plus pure et plus incontestable légitimité.

Cependant, ô douleur ! s'il faut en croire un bruit étrange répandu depuis quelques jours, cette glorieuse attribution me serait ravie au moment de l'exercer avec le plus de charme : un flacon d'eau du Jourdain aurait été agréé pour servir au baptême de monseigneur le duc de Bordeaux (1).

Sire, je n'ai point ici la consolation d'une digne rivalité, comme s'il s'agissait de céder la pomme à la Gironde, au Rhône, à la Loire, à la Durance, etc. Au mépris de l'eau de tout le royaume, un échantillon d'eau d'outre-mer, en stagnation depuis plus de dix ans au fond d'un cabinet dépositaire de rares inutilités, sorti tout à coup de cette obscurité profonde, obtiendrait assez de faveur pour braver le règne de la légitimité, et usurper, à la vue du trône même dont je baigne les pieds, mon imprescriptible prérogative ! Cette espèce de momie d'eau, apportée de par-delà l'Égypte, faite pour rester renfermée sous son urne sépulchrale de plomb, indigne de voir jamais le jour, aurait l'honneur d'être présentée à la plus illustre cé-

---

(1) Voir *La Quotidienne* du 4 septembre 1820. Le flacon est en fer-blanc, scellé avec du plomb fondu. Il a été apporté en France il y a environ treize ans.

rémonie où le service de l'eau puisse être ré-
clamé ; et sa sordide largesse de quelques gout-
tes d'eau croupie prévaudrait dans le sacré par-
vis sur la fraîcheur, la libéralité, la proximité
des trésors de mon urne, qui roulent à flots
pressés sous les murs et presque sous les porti-
ques du temple !

On verrait, au grand scandale des gens de
bien, et au seul triomphe des mécréans qui se
réjouissent des abus de la religion, comme
donnant beau jeu à ce siècle d'irréligion, on
verrait un rebut d'élément liquide, dont on ne
voudrait se servir pour aucun usage profane de
quelque conséquence, transformé, comme aux
temps de superstition, en merveilleuse amu-
lette, disputer la vénération à ses véritables objets, entrer avec une distinction sacrilége dans
la célébration d'un de nos mystères, devenir
le signe sensible de l'effusion des bénédictions
du ciel sur la tête du précieux rejeton de nos
rois, et, mêlant ainsi sa nature étrangère, sa
substance flétrie, son caractère aventurier, à
tout ce que la religion et la monarchie réunis-
sent d'auguste et de grand, confondre toutes
les idées, froisser tous les sentimens, violer
toutes les convenances !

Et moi, que ma noble destinée associe à la
fortune de la reine des cités dans l'empire des

lis, et mes dignes compagnes, les nymphes des fleuves, rivières et fontaines, qui du nord au midi, du levant au couchant, arrosent, embellissent, enrichissent à l'envi les nombreuses cités et les vastes campagnes de cette terre fortunée ; nous qu'illustre depuis tant de siècles l'indissoluble alliance qui nous attache à la domination des Bourbons ; quand l'éclat d'un si glorieux apanage devait placer notre onde au-dessus de toute concurrence étrangère, nous recevrions ici l'affront d'être dédaignées, rebutées, éclipsées ! Les honorables députations de nos départemens, présentes à la cérémonie, y seraient, la rougeur sur le front, les témoins de notre injure ! Sans plus d'égard pour les considérations capitales qui rendent notre cause sacrée, que pour la foule de considérations accessoires qui réclament en notre faveur, nous serions sacrifiées au crédit absurde d'un fleuve situé à mille lieues de nos climats, manifestement hors de tout intérêt de rivalité avec nous, et qui, certes, ne s'inquiète guère, ni personne pour lui, d'obtenir en France une insigne faveur !

Cet acte de prédilection, sans mesure pour le Jourdain, aurait, Sire, à l'égard de vos fidèles fleuves, rivières et fontaines du royaume, un aspect plus mortifiant encore. De même qu'on *casse aux gages* d'indignes serviteurs pour punir leurs âmes mercenaires par l'endroit le plus sensible, de même nous serions privés, par la plus éclatante et la plus douloureuse disgrâce , de l'attribution domestique la plus flatteuse pour nos cœurs français, je veux dire de l'honneur d'offrir le gracieux tribut de l'eau de la patrie, selon le vœu de la coutume et de la raison , pour consacrer à la religion de l'état l'héritier présomptif de l'état.

Que dis-je ! le royaume lui-même, si glorieux patrimoine sous des maîtres si jaloux de son honneur, le royaume aurait beau avoir obtenu du ciel la preuve de l'indulgence la plus signalée, il subirait, comme s'il était frappé d'anathème au milieu de sa joie, l'ineffaçable honte de n'avoir point d'eau assez pure, d'eau assez digne du bonheur de la circonstance où il se trouve placé ; il aurait fallu emprunter du Jourdain l'eau de propitiation qu'on verrait couler à Paris sur la tête de monseigneur le duc de Bordeaux ; comme si cet enfant précieux, né et salué sur mes bords du nom de *l'enfant de la France*, identifié pour ainsi dire par la volonté du ciel et toute la force des choses humaines avec la terre natale, en attendant que la royale sagesse lui assure une éducation selon les lois et selon les mœurs de cette terre qu'il est appelé à gouverner un jour, devait être baptisé, non à l'eau d'une rivière qui arrose la capitale de la France florissante sous son *Roi très-chrétien*, mais à l'eau du fleuve qui coule à travers les décombres et les tristes huttes d'une ville ruinée, dans un pays d'infidèles, frappés de la malédiction divine, et sous la domination du grand-turc.

Sire, la religion, le plus ferme appui des trônes et par conséquent des sociétés, ne repousse pas seulement les doctrines révolutionnaires, elle repousse aussi les erreurs superstitieuses dont le fanatisme, comme tout autre, aboutit à d'épouvantables calamités. Guide admirable dans la carrière de la vie civile, elle ne montre point le salut hors de la soumission à l'autorité, elle ne le montre pas non plus hors de la patrie. Ses maximes, qui font prévaloir par-dessus tout l'amour du prochain, s'opposent ainsi le plus manifestement à ce qu'il soit sacrifié à l'amour du lointain. Conséquente dans ses dogmes aux principes de sa morale, sa noble simplicité prend sans recherche sur les lieux les choses que la célébration de ses rites consomme ; elle ne connaît point de vertu de terroir ; toute la grâce de ses mystères ne procède que d'eux-mêmes, et il ne manque rien à leur accomplissement quand la foi et l'innocence s'y trouvent. Sans nous arrêter au fleuve de la Palestine dont le nom historique a perdu, depuis le malheur des croisades, son prestige parmi les nations, le Tibre, fleuve bien accrédité, qui arrose la capitale du monde chrétien, la résidence du saint siége d'où partent les indulgences et les anathèmes, le Tibre, dis-je, n'a point de prérogative sacramentelle, et son eau ne reçoit ni ne transmet les bénédictions à un plus haut degré que l'eau de la Seine. Si le Christ a été baptisé dans le Jourdain, c'est qu'il était né dans la Judée ; et ce divin législateur, le premier soumis à sa loi, a donné l'exemple d'être baptisé à l'eau de la patrie.

Ainsi la religion chrétienne, essentiellement spirituelle, est ce qu'il fallait qu'elle fût pour être universelle, je veux dire pour avoir la pleine facilité de son exercice sur tous les points de l'univers.

S'il est ensuite une religion terrestre, un culte local auquel la raison et la vertu prescrivent de se dévouer, ce doit être pour les peuples l'amour de leurs rois, pour les rois l'amour du pays où ils règnent.

Cet amour, Sire, toujours réciproque, s'enflamme des doux témoignages qu'il donne comme de ceux qu'il a le bonheur d'obtenir.

Nous l'inspirer avec ivresse comme ils l'éprouvent eux-mêmes, est le précieux attribut de famille de nos légitimes souverains. Il languissait abattu, aux jours de deuil et d'angoisse, durant l'anarchie et l'usurpation ; la France, à son retour sous vos lois, l'a senti ressusciter dans son sein avec la plus vive énergie. C'est ainsi que la nation, épuisée par de longs et pénibles efforts, a pu déployer tout à coup d'immenses ressources après avoir recouvré ses bons maîtres, et que, dirigée ensuite par votre sagesse, elle est parvenue à triompher successivement de tous les désastres. Aussi, des divers points du royaume, les échos de nos rivages ne se lassent point de redire, après l'expérience la plus décisive : *Français, nous ne saurions être trop bourbonniens.* Cette acclamation, Sire, ne retentit point en vain autour de Votre Majesté, autour de leurs altesses les princes de votre auguste famille ; et, s'adresssant en effet à vos âmes royales, l'affection et la reconnaissance publiques peuvent-elles mieux vous dire : *Bourbons, vous ne sauriez trop vous montrer Français ?*

Entièrement opposée à ces salutaires maximes, l'erreur contre laquelle je réclame est doublement impie, parce qu'elle est anti-française en même temps qu'elle est anti-chrétienne.

Une muse judicieuse m'a rendu ce témoignage
mémorable, qui fait mon orgueil :

La Seine a des Bourbons, le Tibre a des Césars.
BOILEAU.

Que le Jourdain triomphe de son côté et se glo-
rifie d'avoir des *David*, *des Salomon* ; qu'il
compte même, s'il veut, avant ses rois, des
patriarches, comme le Tibre compte des souverains pontifes après les empereurs ; je suis
loin de vouloir inquiéter aucun de ces fleuves
dans sa possession légitime ; je ne demande
qu'à n'être point troublée dans la mienne. J'ai
des Bourbons, c'est mon partage incontestable ; l'enfant royal qu'il s'agit de baptiser est
est un Bourbon ; il est né mon prince, mon
riverain, mon nourrisson chéri dont je réponds
à toute la France ; recourir pour son baptême,
qui sera célébré sur mes bords, à une autre eau
que la mienne et à l'eau du Jourdain, est une
violation barbare du droit des gens, une hé-
résie monstreuse, une aberration inouïe dont
on ne peut bien caractériser l'excès sans recourir en quelque sorte au blasphème. C'est comme
si, de son côté, la nation, saisie d'un esprit de
vertige, allait, à la vue de ses propres princes
qui la comblent chaque jour de bienfaits, cher-
cher des objets de prédilection dans l'*Ancien*

Testament, et qu'il fût jamais possible à des cœurs français de préférer, Sire, à votre race chérie, au sang français le plus beau, le plus pur, le plus digne de commander par l'amour et de régner par le respect, la bien vénérable sans doute, mais toute étrangère race des rois de Juda.

Quand il s'agit du baptême des enfans des rois, deux grands intérêts se montrent sur la scène pour y présider, et dominent majestueusement, comme deux grandes figures, ce tableau solennel : l'Église d'une part, le royaume de l'autre. Or, ici l'Église est l'*Église gallicane* ou de France ; le royaume est la France même. Du côté des personnages dont la coopération est requise à l'acte religieux, même caractère national ; le parrain est le Roi de France, la marraine est l'Armée française. Ainsi la chose, sous ses divers rapports, est toute entière une affaire de famille. Par quelle étrange disparate, par quelle erreur, si j'ose le dire, adultère, attribuer ici l'honneur du service de famille à un élément étranger ?

Certes, ce n'est point ni une eau ni une huile étrangères qui transmettront plus sûrement à un prince la plus précieuse des bénédictions qu'il puisse recevoir, l'amour de ses peuples, inséparable de l'amour du pays. Si l'on pouvait attendre une vertu morale du seul contact des choses matérielles, la gousse d'ail, la goutte de vin de Jurançon, produits indigènes qui humectèrent les lèvres d'Henri IV à sa naissance, et dont votre majesté a fait administrer le sacrement domestique à monseigneur le duc de Bordeaux, sont plus propres à faire de ce prince le *Messie des Français* que s'il était inondé des flots réunis du Tibre et du Jourdain.

Sire, votre piété éclairée, en professant pour ces fleuves toute la considération qu'ils méritent, convaincue que le christianisme ne commande point d'abjurer l'amour du pays, jugera qu'il convient de laisser à l'écart, où la Providence les a placées, l'eau d'outre-mer ainsi que l'eau ultramontaine; qu'il y a lieu d'employer l'eau de France comme d'une vertu au moins égale à celle de toute eau étrangère pour servir au baptême des bons chrétiens comme des bons rois; et qu'en définitive un fils de France est bien certainement baptisé avec de la bonne eau, quand il l'est avec l'eau de son bel héritage.

Ah! sans doute votre majesté voudra bien compter aussi comme de quelque poids ce sentiment commun à tous ses sujets, savoir : qu'après qu'elle et sa généreuse famille nous ont été rendues, et qu'il nous est né un duc de Bordeaux, nous n'avons pas à envier des bénédictions aux pays lointains, et que rien ne manque plus à la France pour le développement de toutes les vertus comme pour l'accomplissement de toutes les prospérités.

Déjà, sans doute, Sire, votre indulgence a bien voulu pardonner à l'intérêt de ma cause quelques expressions de dépit dans ma réclamation. Il est une jalousie d'amour et de dévouement pour le pays qui ne doit pas craindre d'éclater aux yeux des bons maîtres. Eux aussi éprouvent cette généreuse jalousie à la hauteur de leur rang. La France est redevable à ce sentiment profond d'un trait touchant qui lui fut consacré loin de son territoire, et dont j'ose invoquer ici le religieux souvenir, plus décisif que toutes les raisons, puisqu'il est l'oracle même de votre âme royale.

Dans la terre d'exil, après que le mariage de monseigneur le duc et de madame la duchesse d'Angoulême eût été accompli sous vos yeux, l'espoir d'obtenir de la postérité de cet illustre mariage vint sourire à votre cœur paternel. Ce cœur éminemment français, répugnant à l'idée d'employer à la cérémonie du baptême royal d'autre eau que de l'eau de France, sentit plus vivement encore le malheur d'être arrêté sur des bords étrangers ; il soupira plus hautement pour les fleuves de la patrie qui était en même temps son royaume. Au milieu des soucis multipliés qui accablaient votre situation comme monarque, tourmenté en particulier au sujet de la nouvelle circonstance de famille par votre amour du pays, ce même amour vous suggéra un expédient qui caractérise bien sa puissance. Deux chevaliers dévoués reçurent de votre part l'ordre de se rendre en secret, à travers tous les périls de ces temps malheureux, jusque sur mes rives, pour puiser dans mon sein de l'eau qu'ils devaient précieusement rapporter à Votre Majesté, et qu'elle destinait à servir au baptême de l'enfant attendu par ses vœux. Cette noble pensée, accomplie quant à son mérite, ne le fut point quant à l'effet; la présomption de fécondité qui l'avait provoquée s'évanouit ; la tige des lis ne devait pas reproduire sur un sol étranger.

Sire, l'événement, objet alors de vos espérances et de vos précautions, n'était que différé. Aujourd'hui, grâce au retour de la faveur divine, l'enfant royal que vous aviez en vue existe : l'eau que vous aviez envoyé quérir, vient d'elle-même s'offrir à votre disposition. Bien mieux qu'à cette époque, l'un et l'autre ne sont point attristés par l'aspect du ciel germanique, par le contact d'un air hyperboréen, et par des circonstances d'exil ; ils sont où l'on ne saurait être mieux, au milieu de la douce possession, de la riante familiarité, de la chaleur caressante d'un horizon où tout est compatriote ; ils sont dans leur pays, au centre de leur pays, comme les sentimens français sont dans le cœur de Votre Majesté.

Ces considérations , Sire , me rétablissent dans l'espérance de voir mon onde servir au prochain baptême de monseigneur le duc de Bordeaux. L'eau du Jourdain sera invinciblement repoussée par votre parole, comme autrefois, par l'ordre de Dieu, le cours du même fleuve rebroussa miraculeusement pour l'édification et le salut du peuple d'Israël. Les fleuves, rivières, fontaines du royaume , applaudiront. En célébrant dans le triomphe de notre cause le triomphe de la cause publique, nos transports d'allégresse offriront à votre majesté l'expression de ce touchant témoignage : « Non ; l'a- » mour du pays et de ses princes ne saurait » perdre du terrain sous la dynastie des Bour- » bons. » La religion, de son côté, ne murmurera point de la préférence que votre justice m'aura rendue, en suivant votre inclination paternelle :

Dieu ne nous défend point d'aimer notre famille.

BOILEAU.

Ainsi l'événement sera à la satisfaction de toute la France. Pour moi, du sein de la victoire, fière surtout de la devoir à votre cœur, et pleine de la confiance qu'inspire une telle garantie, j'oserai adresser, au rival qui m'avait été suscité d'outre-mer, ces paroles naïves qui me sont dictées par l'avantage de ma situation, et qui font allusion à une apostrophe fameuse dans les cantiques de Jérusalem.

Eh bien ! donc, ô Jourdain ! ton onde a reculé (1).

J'ai l'honneur d'être avec le plus profond respect,

SIRE,

DE VOTRE MAJESTÉ,

La très-humble, très-obéissante
servante et très-fidèle sujette,

LA SEINE.

----

(1) *Et tu , Jordanis, quia conversus es retrorsùm ;* verset 5 de *l'In exitu Israël*, psaume 113, qu'on chante le dimanche à Vêpres.